CHANTS

POPULAIRES MESSINS

RECUEILLIS DANS LE VAL DE METZ

EN 1877

PAR

NÉRÉE QUÉPAT

PARIS
HONORÉ CHAMPION, LIBRAIRE
15, Quai Malaquais, 15
—
1878

CHANTS POPULAIRES MESSINS

Tiré à 200 exemplaires

CHANTS

POPULAIRES MESSINS

RECUEILLIS DANS LE VAL DE METZ

EN 1877

PAR

NÉRÉE QUÉPAT

PARIS

HONORÉ CHAMPION, LIBRAIRE

15, Quai Malaquais, 15

—

1878

AVERTISSEMENT.

Sous le titre de *Chants populaires recueillis dans le pays Messin*[1], le comte de Puymaigre a publié, en 1865, un ouvrage fort intéressant et bien digne à tous égards du succès qu'il a obtenu.

Toutefois, M. de Puymaigre n'a peut-être pas suffisamment exploré le pays Messin, car rien qu'à Woippy, Plesnois, Norroy-le-Veneur, La Maxe, villages voisins de Metz, j'ai colligé, l'année

---

1. Paris, Didier ; Metz, Sidot frères, 10, rue des Jardins. — 1 vol. in-12.

dernière, trente-deux chants[1] qui avaient échappé à ses recherches, et que je suis heureux d'offrir aux amis de la poésie populaire.

[1]. Ces chants m'ont été communiqués par de simples cultivateurs, MM. Richet, Pierre Villière, Lapied, Cousin, et par Mme Richard.

Je suis très-surpris de ne pas trouver de variantes de ces chants dans les recueils de poésies populaires publiés par MM. J. Bujeaud, Tarbé, de Beaurepaire, Max-Buchon, Coussemaker, de la Villemarqué, Damase Arbaud, Luzel, Rivarès Sallaberry, Combes, Lorin, V. Smith, Champfleury, etc.

CHANTS

I

LE RETOUR.

Mon père me dit toujours : Mariez-vous, ma fille.
— Oh! non, mon père, jamais je n'aimerai
    Que mon amant qui en est allé!

La belle s'est déguisée en façon d'homme d'armes,
    A fait couper, friser ses blonds cheveux
    A la mode de son amoureux.

La belle s'en va loger dans une hôtellerie.
    Tout en entrant, commence une chanson
    Que son amant l'entend au son.

— Oh ! dites-moi, mon hôte, et aussi mon hôtesse,
Oh ! dites-moi qui est ici logé,
Qu' si joliment j'entends chanter ?

— C'est un jeune soldat, revenant de la guerre ;
Il est si beau, si bien accommodé,
Qu'il a l'air d'un officier.

— Oh ! dites-lui, mon hôte, et aussi mon hôtesse,
Oh ! dites-lui qu'il vienne à mon souper,
Que son écot je lui paierai.

Tout en entrant dedans la chambre, reconnaît sa maîtresse.
— Venez à moi, mon tant joli cœur doux ;
Venez à moi, je suis à vous !

N'y a-t-il pas ici une chambre secrète
Et un bon lit qui soit garni de fleurs,
Pour y compter toutes nos douleurs ?

.... Le roi m'y a mandé pour aller à la guerre.
Dedans la guerre je ne veux plus aller,
Puisque ma mie est retrouvée.

II

LE FILS DU ROI.

C'est le fils du roi
Se venant de marier.
Le premier jour de ses noces
A l'armée fut mandé.
Or, adieu, mon épouse!
Adieu, ma bien-aimée!
Au bout de sept ans
L'amant est revenu,
Traversant les plaines,
Les plaines et les vallons,
Trouvant sa p'tite bergère
Qui gardait ses moutons.
— Oh! dis-moi, ma bergère,
Tu as de beaux pieds blancs.
— Et vous, mon beau seigneur,
Ne vous moquez pas tant,
Car il y a bien sept ans
Que souliers je n'ai chaussés,

Depuis que mon mari
·Fut mandé à l'armée.
— Oh! dis-moi, ma bergère,
Donne-moi un de tes moutons.
— Oh! non, non, Monseigneur,
Vous n'en aurez point;
Pour le plus petit
Que le loup m'a tranglé,
J'y ai été trois jours
Sans oser y rentrer.
— Oh! dis-moi, ma bergère,
Je te ferai rentrer.
Viens avecque moi,
Et tu y rentreras.
— Oh! dites-moi, mon hôtesse,
Aurai-je, à mon souper,
Une de vos demoiselles
Ici, à mon côté?
— Oh! non, non, Monseigneur,
Vous n'en aurez point
Que not' petite bergère,
Si vous la voulez bien.
— Oh! dis-moi, ma bergère,
Va laver tes mains,

Avec ce beau seigneur
Tu t'en iras souper.
— Je ne diffère point
D'aller laver mes mains,
Mais ma soupe est dressée
Avec celle de mes chiens.
— Oh! dites-moi, mon hôtesse,
Aurai-je, à mon coucher,
Une de vos demoiselles
Ici, à mon côté?
— Oh! non, non, Monseigneur,
Vous n'en aurez point
Que not' petite bergère,
Si vous la voulez bien?
— Oh! dis-moi, ma bergère,
Va laver tes pieds,
Avec ce beau seigneur
Tu t'en iras coucher.
— Je ne diffère point
D'aller laver mes pieds,
Mais mon lit est dressé
Dedans ma bergerie.

III

LA FILLE SÉDUITE.

La fille de not' voisin, on dit qu'elle est tant belle :
N'est point si belle qu'on l'dit, elle est un peu brunette,
L'a joué ses amours à la façon nouvelle.
Son père, qui n'en sait rien, et ni non plus sa mère,
Si c' n'est un frère qu'elle a qui se nommait Antoine,
Un jour il lui a dit : Ma sœur, vous êtes enceinte.
— A quoi le voyez vous, petit mignon de frère ?
— Je l' vois à vos beaux yeux, couleur lui fut changée ;
Je l' vois à vos côtés, ceinture fut renlargisse (sic);
Je l' vois à vos grands (sic) robes, qui battent la rosée ;
Je l' vois à vos souliers qui sont si mal blouqués !
— Pour Dieu, n'en dites rien, petit mignon de frère.
Si mon père le savait, me rendrait prisonnière.
Un jour elle s'y promène du long de la rivière ;
Tout en s'y promenant, les mals d'enfant l'y ont pris.
— Enfant, ô bel enfant ! pourquoi viens-tu au monde ?
Si je te nourris grand, tu me feras grand honte ;
Si je te jett' dans l'eau, je serai fille damnée !

Damnée ou non damnée, il faut que je t'y jette !
Trois mariniers sur l'eau qui la regarda *(sic)* faire
L'ont prise, l'ont emmenée tout droit à Margenville.
Elle y a resté sept ans sans voir soleil ni jour,
Si c' n'est par un p'tit trou qu'on posait la chandelle.
... Les filles de Margenville, elles m'ont toutes venu voir.
— Filles de Margenville, sur moi prenez exemple
Et n'y prenez point tant la liberté si grande ;
Mon père me l'a donnée, ma mère me l'a fait prendre ;
Ma mère m'y a filé la corde pour me pendre.

IV

LE BEAU FLAMAND.

C'était un beau Flamand
S'en allant voir sa blonde,
La voulant caresser, en lui disant :
La belle, vous plaît-il de m'aimer ?
— Dis donc, mon bel ami,
Comment peux-je t'aimer,

Car j'ai entendu dire
Par deux de tes Flamands
Qu' dans ton pàys, en Flandre,
Tu y as femme et enfants?
— Qui vous a dit cela,
Marguerite, ma mie,
Si c' n'est donc votre père?
Qui vous a dit cela?
Nous coucherons ensemble :
Parlera qui voudra!
— Dis donc, mon bel ami,
Si j'en devenais ronde?
— Si t'en devenais ronde,
Belle, je t'épouserais ;
Dans mon pays, en Flandre,
Belle, je t'emmènerais!
— Dis donc, mon bel ami,
Que ferons-nous en Flandre?
— Nous y tiendrons boutique,
Nous y trafiquerons,
De cette belle marchandise,
Gros marchands nous serons.
Nous y vendrons des robes,
Cotillons de velours,

Aussi des ceintures d'or
Garnies tout à l'entour...
— Oh! va-t'en, faux Flamand,
Grand abuseur de filles !
Tu y as joué ton rôle,
A présent tu t'en vas !
En passant la rivière,
Galant, tu périras !
...Où est-il donc, le temps
Que j'étais jeune fille ?
Quand j'étais sur la porte
Avec mes habits blancs,
Je me moquais des autres.
A présent, ils m'en font autant.

V

LA FILLE DU COMTE.

C'est la fille d'un comte
Se voulant marier,

Et le don qu'on lui donne,
Au lon lon la,
N'est pas à mépriser.

La couche y est de verre,
Au lon lon la ;
Les pieds sont d'or fin ;
La paille, ce n'est point paille :
Si est du rémenin [1].

Quand la belle s'y renveille,
Au lon lon la,
Onze heures avant minuit,
Elle s'en va à la porte,
Au lon lon la,
De son fidèle ami.

— Dormez-vous? veillez-vous?
Au lon lon la,
Dormez-vous cette nuit?
— Non, je n'y dors
Ni je n'y veille,
Au lon lon la,
Je vous entends venir !

1. Romarin.

Le galant s'y relève,
Au lon lon la,
La porte lui va ouvrir.
... Leva la couverture,
Au lon lon la,
Va coucher avec lui.

Quand la belle s'y renveille,
Au lon lon la,
V'là le soleil qui luit.
— Que dirai-je à ma mère,
Au lon lon la,
Où j'ai passé la nuit?

— Vous lui direz, la belle,
Au lon lon la,
Auprès de votre ami...
Si vous aviez attendu
Demain jusqu'à midi,
J' vous aurais épousée,
Au lon lon la,
Malgré tous vos amis.

Maintenant, je n' vous voudrais pas,
Au lon lon la,

Pour tout l'or du pays.
Toute fille qui s'abandonne,
Au lon lon la,
A son fidèle ami,
S'abandonne à bien d'autres,
A bien d'autres qu'à lui !

VI.

LA BELLE NANON.

Or, adieu, belle Nanon,
Car c'est demain que nous partons
Pour aller à la garnison,
Pour faire un service à Bourbon[1].
Belle, vous n'avez qu'à me dire
Si vous prétendez me suivre.

— Qu'irais-je faire dedans l'armée,
Moi qui ne suis point effrontée ?

1. Il s'agit peut-être ici du régiment de Bourbon, qui fut créé par Louis XIV en 1667.

Je pourrais bien m'y chagriner,
Et vous qui me délaisserez.
Voilà pourquoi l'y a à craindre
Que je sois beaucoup à plaindre.

— Belle Nanon, que dites-vous,
Je ne pourrai vivre sans vous ;
Et par ainsi, que risquez-vous ?
Je vous mettrai en boutique,
Je vous apprendrai le trafic.

— Pour le trafic, mon cher amant,
Il faut connaître l'argent
Des Français et des Allemands.
Comment ferais-je pour apprendre,
Moi qui n'ai jamais rien vu vendre ?

— Vous vendrez du papier coupé,
Du fil et des cartes à jouer,
Des aiguilles à coudre, des dés ;
Tout ce qu'il y a d'utile à l'armée,
Du pain, du vin, de la viande,
Vous deviendrez grosse marchande.

Nous y vendrons du jambon,
De l'andouille, du saucisson ;
De lard nous ferons provision.
Et par là où nous passerons,
Si par hasard le vin est cher,
Nous y vendrons de la bière.

A ces officiers il faudra
Du bon café, du chocolat,
De l'eau-de-vie, du ratafia,
De l'eau d'anis et finiolette,
Aussi de la bonne eau clairette

— Allons, partons, mon cher ami,
Car ce trafic me réjouit.
Il faut quitter parents, amis,
Et père et mère, et frères aussi.
Maman fera bien du tapage ;
Je crains beaucoup le voisinage.

— Laissez dire ce que l'on voudra :
Avec le temps, tout s'oubliera ;
Votre maman s'apaisera
Aussi bien que votre papa.

Nous leur écrirons une lettre
Que nous sommes dans la maisonnette.

VII

LA JEUNE FILLE SOLDAT.

Chantons l'honneur et le courage
 D'une jeune fille sage
 Qui s'a voulu engager
 Pour servir Sa Majesté
 D'une affection sincère.
 Pon, patapon, fa, la la,
  Pon pon !

Par malheur, en Angleterre,
Fut blessée à la mamelle.
On a connu par cela
Que ce n'était pas un soldat,
Que c'était une pucelle.
Pon, patapon, fa, la la,
  Pon pon !

... Sans cette singulière affaire,
L'aurait restée à la guerre.
C'était son dessein, son envie,
D'y rester toute sa vie.
Elle aimait bien le bruit de guerre,
Pon, patapon, fa, la la,
Pon pon !

VIII

UNE DROLE D'AVENTURE.

Je m'appelle La Douceur ;
Mais, lorsque je suis à table,
Mon nom, c'est La Terreur ;
J'y bois comme un diable.

Dans la troupe de France,
J'y ai servi longtemps ;
J'ai fait voir ma vaillance
A tous les Allemands.

C'est au siége de...
A la sueur de nos peines,
Dedans l'eau jusqu'aux reins,
Toujours à perdre haleine.

Ça me cause une enflure
En danger d'en mourir.
C'est la drôle d'aventure.
Si j'en pouvais guérir !

Le siége étant fini,
Nous rentrons dans la ville.
Les ordres y sont venus
D'y partir pour Thionville.

Partons en diligence :
C'est pour passer le Rhin ;
Arrivons à Coblence
Un dimanche matin...

Ce brave grenadier,
En entrant dans la ville,
Les mals d'enfant l'y ont pris ;
Il se déclare fille.

La Douceur, dans sa chambre,
Accouche d'un garçon.
Chacun, de son enflure,
Rit dans la garnison.

Ce brave grenadier,
D'une joie sans pareille,
Va chez les officiers
Annoncer la nouvelle..

La Douceur, dans sa chambre,
Accouche d'un enfant.
Pour parrain elle demande
Monsieur le commandant.

Qu'on nous prépare d'abord,
Le jour de cette fête,
Les violons, les tambours,
Timbales, aussi trompettes.

IX

LA FILLE DU JARDINIER.

Bonjour, ma charmante Catin,
Que fais-tu dans ton jardin?
— J'y cueille des fleurs
De toutes les couleurs,
Dans leur bonne odeur,
Pour mon serviteur.
— Je vois là une giroflée,
Belle, j'en ai le cœur charmé.

— Monsieur, entrez dans mon parterre,
Et vous en cueillerez,
Vous en cueillerez,
Vous en choisirez
En grande quantité,
Comme vous le voudrez,
De celles qui vous plairont le mieux.

— Ce ne sont point ces fleurs
Ni ces bonnes odeurs
Qui ont charmé mon cœur,
Charmante beauté ;
Mais, si je pouvais gagner ton cœur,
Pour moi quel grand bonheur !

— Monsieur, vous êtes un grand seigneur,
Vous me parlez en douceur ;
Moi, qui n'ai aucun bien,
Aucun entretien, capable de rien,
Que mon beau jardin,
Voudriez-vous bien épouser
La fille d'un jardinier ?

— Belle, tu viendras dans mon château,
Tu auras tous mes trésors,
Tu auras robes et diamants
Garnis en argent,
Rien de si charmant ;
Tu seras fille d'honneur
Et dame d'un grand seigneur.

X

LE MOINE DE SAINT-GERMAIN.

L'autre jour, en m'y promenant,
J'ai fait rencontre de ma maîtresse.
Je lui ai dit plus de cent fois :
Belle, aimez-moi ; belle, aimez-moi,
Je vous donnerai ma ceinture,
En réservant la garniture.

J'ai cent écus dans mon gousset
Belle, si tu veux, je te les donne.
— Tes cent écus ne me font rien,
Mon cœur volage m'appartient ;
J'en ai refusé cinq cents livres...
Retire-toi, galant, sans rire.

Le beau galant se retira,
Et en nonnette il s'habilla,
Et en nonnette il s'habilla.

Au logis de la belle s'en va.
— Bonjour donc, madame l'hôtesse !
Voudriez-vous loger nonnette ?

— Oui-da, nonnette, nous vous logerons ;
Vous coucherez avec ma fille.
Eh mais, oui-da, ça vaudra mieux,
Eh mais, oui-da, d'y coucher deux !
Voici le temps de la froidure :
Nous doublerons la couverture.

Quand ç'a venu pour souper,
Elle n'a voulu manger ni boire,
Elle n'a voulu boire ni manger,
Disant qu'elle était fatiguée,
Baissant les yeux, baissant la tête,
De peur qu'on ne la reconnaisse.

Quand ç'a venu vers les minuit,
Elle ne parlait que d'amourettes.
— Ma foi ! vous n'êtes pas nonnette,
Car vous parlez trop d'amourettes !
Ma foi ! vous n'êtes pas nonnette,
Car vous parlez trop d'amourettes.

— Je suis le moine de Saint-Germain
Qui vous a tant aimée, la belle !
Combien de fois ne vous ai-je pas dit :
Si je vous tenais seule dans mon lit !
A présent que nous sommes ensemble
Permettez-moi de vous l' demander.

Quand ç'a venu au matin jour,
La belle nonnette se leva, s'habilla ;
Elle se leva, elle s'habilla.
— Or adieu, l'hôtesse, je m'en vas...
Votre fille n'est plus pucelle :
J'ai passé la nuit avec elle.

XI

LA FILLE DU MARÉCHAL FERRANT.

La fille du mercho [1], on dit qu'elle est malade ;
Elle est malade d'une drôle de façon,
Elle a z'un mal de tête qui la tient sans raison.

1. Mot patois qui veut dire maréchal ferrant.

Sa mère, sa bonne mère, s'en va chez la voisine.
— Eh! la voisine, la fille que nous avons,
Elle a z'un mal de tête qui la tient sans raison.

La voisine lui donna trois grains de marjolaine.
— Si c'est un mal de tête, ça s'ra sa guérison.
Tenez, voisine, frottez-lui sur son front.

Au bout d' deux ou trois jours, la belle devient en couche ;
Elle est en couche d'un beau petit garçon.
Voilà ce mal de tête qui la tient sans raison.

La mère prit son bâton, frappa dessus sa fille.
— Hélas! ma mère, ne m'y frappez pas tant :
Qui a busé[1] la mère nourrira l'enfant.

— Tu me diras, coquine, qui t'a fait cet outrage ?
— Hélas! ma mère, c'est un garçon tailleur :
En prenant ma mesure, il a gagné mon cœur.

1. Pour *abusé*.

XII

FLORINE.

Dedans la rue de la Monnaie
    Il y a trois jolies filles.
L'y en a une par-dessus tout,
    Hu deci, hu delà,
      Florine a fait ça ;
L'y en a une par-dessus tout
Qu'un dragon lui fait l'amour.

Chaque fois qu'il la va voir,
    Son petit cœur soupire.
— Qu'avez-vous donc à soupirer,
    Hu deci, hu delà,
      Florine a fait ça ;
Qu'avez-vous donc à soupirer ?
N'avez-vous pas mes amitiés ?

— Je soupire, j'en sais la raison,
    Que vous en êtes la cause :

Car tous les gens qui viennent chez nous,
>   Hu deci, hu delà,
>   Florine a fait ça ;
Car tous les gens qui viennent chez nous
Disent que j' suis enceinte de vous.

Puisque j' suis enceinte de vous,
Épousez-moi, épousez-moi.
— Pour t'épouser, je ne peux pas,
>   Hu deci, hu delà,
>   Florine a fait ça ;
Pour t'épouser, je ne peux pas,
Mon capitaine ne l' veut pas.

— Si ton capitaine ne l' veut pas,
Donne-moi donc quelque chose,
Donne-moi cinq ou six cents louis,
>   Hu deci, hu delà,
>   Florine a fait ça ;
Donne-moi cinq ou six cents louis
Pour nourrir la mère et l'enfant.

— Cinq ou six cents louis, c'est beaucoup d'argent
>   Pour un homme de troupe.

Tout' ma paye ne suffirait pas,
Hu deci, hu delà,
Florine a fait ça ;
Tout' ma paye ne suffirait pas.
Or, adieu, la belle, je m'en vas.

— Cher amant, tu m'avais promis
Six aunes de dentelle
Pour faire des petits béguins blancs,
Hu deci, hu delà,
Florine a fait ça ;
Pour faire des petits béguins blancs,
Pour des coiffures à c' pauvre enfant

XIII

༄༅

LA PRISE DE BRÉDA.

C'est la ville de Bréda...
Grand Dieu, qu'elle était belle !
Elle était belle et parfaite en beauté,

La nation veut s'en remparer...
Les dames de Bréda montèrent sur les remparts :
— Bons Français, apaisez vos canons,
Contribution nous vous ferons !
— Quelle contribution, Mesdames, voulez-vous faire ?
— Nous vous ferons, en tout, cent mille écus
Pour que vos canons ne tirent plus...
— De vos cent mille écus, Mesdames, je n'ai que faire,
Mes soldats pilleront vos maisons
Et mes canons les brûleront.

༺༻

XIV

LES TRANSFORMATIONS DU RAISIN [1].

O beau raisin, d'où deviens-tu ?   (*bis*)
— J'y deviens dedans ces bois taillés.
Spiritum sanctum Dominum,

---

1. C. F. Mélusine, *la Chanson du Vin*, col. 411.

Bon Martinum, bon Martinum,
Bon Martinum, bon Martibus.

J'y deviens dedans ces bois taillés : (*bis*)
C'est le père Noé qui m'a planté.
Spiritum sanctum...

C'est le père Noé qui m'a planté ; (*bis*)
Avec les ciseaux on m' vient couper.
Spiritum sanctum...

Avec les ciseaux on m' vient couper, (*bis*)
Dedans les paniers on m' va jeter.
Spiritum sanctum...

Dedans les paniers on m' va jeter, (*bis*)
Dedans les hottes on m' va vider.
Spiritum sanctum...

Dedans les hottes on m' va vider, (*bis*)
Dedans les cuves on m' va porter.
Spiritum sanctum...

Dedans les cuves on m' va porter, (*bis*)
Sur le pressoir on m' va charger.
Spiritum sanctum...

Sur le pressoir on m' va charger, (*bis*)
Dedans la pierre on m' fait couler.
Spiritum sanctum...

Dedans la pierre on m' fait couler, (*bis*)
Dedans les tonneaux on m' va jeter.
Spiritum sanctum...

Dedans les tonneaux on m' va jeter, (*bis*)
Dedans les bouteilles on m' vient chercher.
Spiritum sanctum...

Dedans les bouteilles on m' vient chercher, (*bis*)
Dedans les verres on m' va vider.
Spiritum sanctum...

Dedans les verres on m' va vider, (*bis*)
Dedans les gosiers on m' va jeter.
Spiritum sanctum...

Dedans les gosiers on m' va jeter, (*bis*)
Après les murs on m' va pisser.
Spiritum sanctum...

XV

LE PROSCRIT[1].

J'ai trois millions d'or
Que j'ai mis au hasard
Pour y avoir des hommes,
Cavalerie, dragons, infanterie,
Plus de deux mille cinq cents.

Je m'en suis dire au roi
Que tous ces hommes que j'avais
Y étaient tous à lui,
Que si mon service
Lui était propice,
J'y serais son appui.

Tout aussitôt le roi
M'y envoie une lettre.

---

1. C. F. Puymaigre, *le Proscrit*, p. 401. — Version très-différente de celle-ci et beaucoup moins complète.

Tout en m'y remerciant,
 Il m'y fait défense
 Dedans la noble France
 De jamais y rentrer.

Où irai-je donc,
 Moi et ma garnison,
 Pour être en sûreté ?
— J'irai dans la Hollande
 Pays d'assurance,
Où on vit en liberté...

J'ai mon billet signé
 Que j'y devais loger
 Chez un riche marchand
 Qui avait une fille
 Toute parfaite en beauté.
 Tant la nuit que le jour
 Mon cœur brûlait d'amour
 Pour cette beauté.

Mon valet m'y vient dire :
 Maître, allons la suivre
 Pour la violer...

Le dimanche au matin,
L'était dans son jardin;
Je m'en suis la trouver.
   Mon mouchoir lui bouche
   Sa merveille (*sic*) bouche
Pour la faire étouffer.

Le jardin était ouvert,
Le crime s'a découvert;
On me fit arrêter...
Me conduisent à la mort.
S'en sont mis tour à tour
Et trompettes et tambours.
Quel pitoyable sort!
C'est la mode en Hollande
D'être pendu, étranglé,
   Pour avoir violé.

XVI

LE LIBERTIN.

COMPLAINTE.

Venez, jeunesse mondaine,
  Pour entendre la vérité,
L'histoire qui vient d'arriver
  Dedans la ville de Reims.
  C'est d'un jeune libertin,
Vous en verrez la triste fin.
Un jeune homme ayant famille,
Non, je n'en dis pas le nom,
D'une bonne condition,
Bien honorée dedans la ville,
S'avisa, par un jour gras,
D'y faire un malheur, hélas !

Un jour, à ses camarades
    Voulant...
Disant qu'il voudrait courir

Drôlement en mascarade,
Qu'il voudrait aller chercher
La tête d'un trépassé.
Ses amis bien au contraire,
En blâmant fort son dessein,
Disaient que c'était inhumain,
Que c'était téméraire,
Qu'il aurait très-grand tort
D'aller insulter les morts.

Mais il ne fait que d'en rire.
Dedans le même jour, au soir,
Dans le cimetière il fut voir.
Il en prend une; sans rien dire
Il s'en retourne chez lui,
Et il l'arrange ainsi :
Il allume deux chandelles
Tout droit dedans les deux joues,
S'enveloppe d'un drap blanc,
On aurait dit z'un revenant.
Il parcourt parmi la ville
Faisant de grands hurlements,
Faisant peur à bien des gens.
Grands, petits, hommes, femmes et filles,

Chacun s'ensauva chez lui,
Voyant ce fantôme affreux.

Quand n'y eut plus de lumière,
Vers les onze heures ou minuit,
Il s'en retourna chez lui.
Passant auprès de la (*sic*) cimetière,
Rejeta la tête ainsi,
En lui disant : Mon amie,
Demain, pour ta récompense
De t'avoir tant fait courir,
Je te conjure de venir
Souper avec moi, sans doutance.
Viens donc si tu veux :
Nous boirons un coup nous deux.

Après cette belle affaire,
Il s'en fut tout droit coucher,
Sans frémir, ni sans penser
A ce qu'il venait de faire.
L'a dormi jusqu'au matin
ans se souvenir de rien.
Mais le lendemain au soir
Le mort n'a pas manqué ;

Lorsqu'il est à son souper,
Le mort qui vient le trouver.

Le mort, pour se faire entendre,
Frappa trois petits coups.
La servante va pour ouvrir.
Sitôt qu'elle a t'aperçu cette carcasse effroyable,
L'a tombée morte en fermant
La porte à ce revenant...
Le mort, pour se faire entendre,
Frappa de nouveau trois fois.
La mère ne sachant pourquoi
Que la fille a fait tant attendre,
Elle s'en va pour y ouvrir.
Là, elle tomba morte aussi.
Le garçon, voyant que sa mère
N'y revenait pas non plus,
S'en fut d'un pas résolu ;
Les voyant toutes deux à terre,
Mais il fut bien étonné
Quand il vit ce trépassé.

Le mort prit la parole,

Lui disant : Marchons à table.
Je viens avec toi souper,
Comm' tu m'y as invité...
Le garçon, plein de frayeur,
Obligé de se coucher,
Ce fantôme auprès de lui,
Jugez s'il a bien dormi !...
...La servante, aussi la mère,
Ont revenu dans leur esprit.
Voyant ce fantôme au lit,
Passant la nuit en prières,
Priant bien dévotement
Que Dieu délivre son enfant.

Une fièvre violente
S'est emparée du garçon.
Le médecin de renom
N'en savait rien comprendre.
L'a justement eu le temps
De recevoir les sacrements...
...Il est mort le jour des Cendres,
Justement dans les huit jours
Que le mort, par son discours,

Lui avait bien fait comprendre.
...L'exemple doit toujours toucher
Tout garçon débauché.

XVII

L'ERMITE DUPÉ.

L'autre jour, en m'y promenant
Du long de ces grands bois charmants,
Dans mon chemin j'ai rencontré
Une tant jolie demoiselle.
Très-humblement j' l'ai saluée
En lui disant : Vous y viendrez
　Dans mon petit ermitage,
　　L'un de ces jours !
— Oh ! oui, oh ! oui, ermite, j'irai !
Avant qu'y n' soit trois jours passés,
　On vit la belle arriver.
Ah ! si j'avais su votre arrivée,

Cailles et perdrix j'aurais tué.
J'en aurais fait provision,
Dans mon petit ermitage, collation.
— O ermite! donn'-moi d' l'argent,
Je te rendrai le cœur content.
— A quel jeu allons-nous jouer?
Est-ce aux cartes ou aux dés,
Ou à ce petit jeu d'amour,
La belle, que vous savez?
— O ermite! je n' peux sente le goût du vin.
Laisse-moi aller prendre l'air dans ton jardin.
Quand la belle fut dans l' jardin,
Elle s'a mis à regarder le grand chemin.
— Adieu, ermite! Eh! je m'en vas,
Tu ne me tiens plus dans tes bras!
Quand l'ermite arrive au jardin,
Il ne voit plus sa catin...
Oh! tant qu'ermite je serai,
Ni filles ni femmes je ne verrai!

XVIII

LE RETOUR DE L'AMANT.

A Paris, chez mon père,
Les nouvelles y sont arrivées
Que ma maîtresse était fiancée.
— Que l'on m'amène mon cheval,
 Ma selle, aussi ma bride.
Mon épée claire à mon côté,
Chez ma maîtresse j' m'en suis allé.
Du plus loin qu'elle m'a t'aperçu (*sic*),
 Son petit cœur soupire.
— Oh! qu'avez-vous à soupirer,
Puisque vous êtes fiancée?
— Fiancée, je le suis assez.
 Malheureuse journée!
Mais c'est dimanche mon premier ban,
Venez y mettre empêchement.
— Empêchement j' n'y mettrai pas,
Puisque vous êtes en ce point-là...
... Quand ç'a venu l' dimanche matin,

Le curé lut au prône :
Oh ! écoutez, petits et grands,
Je vas vous publier un ban.
— Moi, garçon, qui n'étais pas loin,
Je m'approche de sa chaire :
Oh ! écoutez, monsieur l' curé,
Vous n'avez point d' ban à publier...
Il y a sept ans que j' l'ai aimée,
Ma charmante maîtresse...
— S'il y a sept ans que vous l'aimez,
C'est la raison de l'épouser.

❦

XIX

LA MAUVAISE MÈRE.

Une jeune fille, à l'âge de quinze ans,
Va dire à sa mère qu'elle ne peut dormir.
— Si vous êtes malade, faites-vous soigner...
Dans peu de temps, ma fille, guérison vous aurez.

— Point de médecin ni de médicaments :
Pour me guérir, ma mère, il me faut un amant.
— Oh! non, non! ma fille, je vous tromperai bien...
Dedans un couvent je vous y metterai (*sic*).

— Oh! dites-moi, ma mère, dedans ce couvent
De quelle manière passe-t-on le temps?
Porte-t-on des fontanges, aussi de bels habits?
Va-t-on à la danse prendre tous ses plaisirs?

— Une robe grise et un voile blanc,
Voilà l'habit des filles quand elles sont au couvent!
— Je prierai pour mon père, aussi pour mes parents,
Et non point pour ma mère, qui m'a mise au couvent.

XX

LA BELLE SE VOULANT MARIER.

La belle se voulant marier
  Avec un Français,
Son père, bourgeois, l'a mariée
  Avec un Anglais.

 Quand ça venu à l'église entrer,
 De l'eau bénite lui a présentée.
— Retire-toi, retire-toi, maudit Anglais!
Car si j'y veux de l'eau bénite, j'en prendrai!

 Quand ça venu au chœur entrer,
 L'Anglais la voulut saluer.
— Retire-toi, retire-toi, maudit Anglais!
Ce n'y sont point les saluades de mon Français!

 Quand ça venu pour aller dîner,
 Du pain, du vin lui a présenté.
— Retire ton pain, retire ton vin, maudit Anglais!
Si j' savais que c' soit de la poison, j'en mangerais!

Quand ça venu pour aller danser,
L'Anglais la voulut emmener.
— Retire-toi, retire-toi, maudit Anglais !
Si je m' savais casser une jambe, je danserais !

Quand ça venu pour aller coucher,
L'Anglais la voulut embrasser.
— Retire-toi, retire-toi, maudit Anglais !
Si j'y veux être embrassée, j'ai un Français !

Quand ça venu minuit sonner,
La belle se tourne de son côté :
—Embrassons-nous, embrassons-nous, mon cher Anglais ;
Puisqu'il nous faut vivre ensemble, faisons la paix[1].

1. C. F. V. Smith, *Chants du Velay et du Forez*, la Fille du Roi. *Romania*, année 1874, p. 365. — La version de M. Smith diffère beaucoup de celle-ci.

XXI

LE DÉPART POUR L'ARMÉE [1].

J'y vois partir mon cher amant,
Je vous fais mes adieux, chère maman.
Dans l'armée du Bas-Rhin j'y pars demain au matin.
Donnez-moi de l'argent
Blanc,
Voilà mon paquet
Prêt.
Je m'y rends à grands pas,
Va,
Pour quand l'armée partira.

— Ma fille, tu te feras blâmer
Si tu parles d'aller à l'armée.
Je n'ai pas d'argent pour toi,
Moi ;

---

[1]. C. F., *la Cantinière*. Puymaigre, p. 379.

J'aurais perdu l'esprit
Si
Je consentais à cela.
Va,
Je ne te le permettrai pas.

— Maman, apaisez votre fureur.
Voudriez-vous empêcher mon bonheur?
J'y prends par le plus court
D'y faire ma fortune en huit jours.
Puisque j'ai du talent
Grand,
Pourquoi m'empêcheriez-vous,
Vous,
D'en profiter aujourd'hui?
Oui!
J'en veux prendre mon parti.

Je n'irai plus chez les paysans;
Je resterai toujours dans le camp.
Les serviteurs du roi
Sauront tous parler comme moi.
J'y vendrai du vin
Fin,

Des petits gâteaux
Chauds,
Du pain sortant du four,
Pour
Déjeuner au point du jour.

A ces officiers il faudra
Du bon café, du chocolat,
Du tabac en poudre et à fumer,
Des cartes de papier à jouer,
Des liqueurs à tous goûts,
Du vin de Bourgogne en flacons
Ronds,
Macarons et biscuits,
Oui,
Comme ils pourront être cuits.

J'y vendrai du fil, du ruban,
Du vert, du bleu, du rouge et du blanc,
Des épingles à friser
Et des chandelles utiles à l'armée,
De la pommade en bâtons
Ronds,
Que j'aurai dans un pot

Gros ;

J'en vendrai à présent

Grand,

Quand il viendra des chalands.

— Je vois que tu sais le commerce à fond.
Surtout, prends bien garde aux fripons ;
Ne te mets pas trop au hasard ;
Surtout, prends bien garde aux hussards.
Si tu les vois dans quelque pas,

Va,

Mets-toi dans un coin

Loin.

Embrasse-moi, ma chère enfant ;
Prends ton équipage et va-t'en !

XXII

LA MORT DE LA FIANCÉE[1].

C'est une fille à l'âge de quinze ans
    Qu'a fait l'amour si tendrement.
    Un jour, son amant la va voir
        Dans son lit, bien malade,
En lui tirant sa main blanche de son lit,
    En lui disant : Ma douce amie!
— Amant, si vous m'aimez, allumez-moi un cierge
    Et mettez-le au chevet de mon lit,
      Car mon petit cœur va mourir.
— Permettez, la belle, que j'aille au médecin de la reine.
— Oh! allez-y et revenez promptement,
Car mon petit cœur ne vivra pas longtemps.
Amant ne fut point au bois que son p'tit frère le rappelle.
— Oh! revenez, revenez, frère joli,
    Vot' p'tit cœur y vient de mourir!
—Je donnerais cinq cents écus que ma mie n'y fût point **morte**.

---

1. C. F., *Mélusine*, p. 389. — La chanson *les Derniers Adieux*, qui n'a que le fond de commun avec celle-ci.

— Amant, n'y pleure donc point tant :
T'auras la fille d'un gros marchand...
— J'estimerais mieux ma mie, que n'eût que sa chemise
Que la fille d'un gros marchand
Qui a tant d'or et tant d'argent.
Or, adieu donc, adieu, c'est pour toujours
Là où j'y ai tant fait l'amour.

XXIII

LES FILLES DE DIJON [1].

Ce sont les filles de Dijon
Qui ont perdu leurs amourettes,
Tout en cueillant la violette.

Par là, le fils du roi passa :
— N'as-tu pas vu cette pastourelle
Que tout le monde trouve si belle ?

---

1. C. F., *la Fille pendue.* Puymaigre, p. 68. — Cette version est très-différente de celle de M. de Puymaigre.

— Seigneur, vous la verrez demain
Dessus la place de la Carrière,
Curé devant, bourreau derrière.

Quand l'a venu sur l'échafaud,
La belle lève ses yeux en l'air ;
Elle voit venir sa tendre mère.

— Maman, ça ne vous fait-il pas de peine
D'avoir nourri si jolie fille,
De la voir mourir sur l'échafaud ?

— Ma fille, j'ai encore de l'argent ;
Nous en donnerons à la justice :
La vie nous vous rachèterons.

— Non, maman, gardez votre argent,
Car toutes les filles qui font folie
Méritent ainsi qu'on les châtie.

— Maman, j'ai encore une sœur...
Mariez-la, je vous en prie,
Car les garçons en ont envie.

Maman, coupez mes blonds cheveux,
Et mettez-les devant l'église
Pour donner exemple aux filles.

Adieu, les filles de Dijon ;
Adieu, les p'tites et les grandes.
Dessus moi prenez exemple.

XXIV

SOUVENEZ-VOUS-EN.

O ma charmante beauté !
Si vous voulez m'écouter,
J'ai de l'or et de l'argent,
Souvenez-vous-en, souvenez-vous-en...
Je pourrai vous en fournir
Pour y prendre mes plaisirs.

— Moi, qui n'ai que dix-huit ans,
Et vous quatre fois autant,

A cet âge vraiment,
Souvenez-vous-en, souvenez-vous-en,
Vous feriez bien mieux
De penser à prier Dieu.

— Je n'ai que quatre-vingt-quinze ans
Le quatre du mois prochain,
Et à cet âge, belle enfant,
Souvenez-vous-en, souvenez-vous-en,
Lorsqu'on est bien portant,
On peut encore être galant.

— Moi qui ai un jeune mari,
Vous prendre pour mon favori !
Ça serait pour votre argent,
Souvenez-vous-en, souvenez-vous-en...
Comptez-moi vingt-cinq louis,
Et vous serez mon favori.

— Je reviens dans le moment
Vous les apporter comptant.
Puisque je suis votre amant,
Souvenez-vous-en, souvenez-vous-en,
Vous en aurez abondamment,
Si vous me rendez content.

— Mon mari, certainement,
A trois heures du matin,
Partira pour Montauban,
Souvenez-vous-en, souvenez-vous-en...
Alors vous pourrez venir
A trois heures et demie.

— Certainement je viendrai,
Puisque ainsi vous le voulez,
En marchant tout doucement,
Souvenez-vous-en, souvenez-vous-en...
Vous laiss'rez la porte bâiller
Afin que je puisse entrer.

— Il faut craindre les voisins
Pour n'avoir pas de chagrin.
La porte crie en s'ouvrant,
Souvenez-vous-en, souvenez-vous-en,
Et la meilleure façon
Est de passer par le balcon.

— Pour le coup, vous vous moquez...
Comment pourrais-je y monter ?
Vous me trompez sûrement,

Souvenez-vous-en, souvenez-vous-en...
Pour pouvoir monter si haut,
Je ne suis pas un oiseau.

— Une échelle je mettrai
Par où vous pourrez monter.
Elle y sera sûrement,
Souvenez-vous-en, souvenez-vous-en...
Vous marcherez à p'tit bruit,
De peur d'être surpris.

Sur le balcon arrivé,
Le voilà bien embarrassé.
Il frappe tout doucement,
Souvenez-vous-en, souvenez-vous-en ;
Mais personne ne lui répond,
Il reste seul sur le balcon.

Le mari, qui était caché,
L'échelle lui a ôtée.
Il disait, tout en riant,
Souvenez-vous-en, souvenez-vous-en :
Voilà un beau renard pris,
Venez le voir, mes amis.

A huit heures du matin,
Bien plus de deux cents témoins.
Chacun disait, en riant,
Souvenez-vous-en, souvenez-vous-en :
De ma vie ni de mes jours
Je n'ai vu un pareil tour.

Pour descendre du balcon,
C'est bien une autre chanson...
Il faut donner trois cents francs,
Souvenez-vous-en, souvenez-vous-en.
Sur-le-champ les a comptés
Pour avoir sa liberté.

XXV

LA DICACE.

J'irai demain à la Dicace.
Fanchon, viendras-tu avec moi ?
Nous entrerons dedans la joie,

Nous goûterons de la fricasse.
Tu chanteras, tu riras, tu boiras,
Au cabaret et sur la place,
Tu chanteras, tu riras, tu boiras,
Tant que la Dicace durera.

Bonjour, not' hôte et not' hôtesse,
Bonjour à tous nos bons amis.
Du moins, n'y soyez point surpris
Si j'ai amené ma maîtresse.
Saluez-la, placez-la, servez-la
Avec grande politesse ;
Saluez-la, placez-la, servez-la
Tant que la Dicace durera.

— Colin et votre bonne amie,
Soyez ici les bienvenus ;
De nous vous serez bien reçus.
Voilà un lièvre que l'on dépouille ;
Il sera cuit et rôti pour midi.
Faites du feu, que le pot bouille (*sic*) ;
Il sera cuit et rôti pour midi.
Chacun mangera à son appétit.

(Les six premiers vers de ce couplet me manquent. Le chanteur n'a pu me donner que les deux derniers, que voici :)

 Embrassez-vous comme nous, et surtout
  Demain revenez avec nous.

  Le lendemain, Fanchon n'eut garde
  De sortir dehors de son lit.
  Elle fit à son pot de nuit
  Plus de cinquante saluades ;
Elle soupirait, elle pleurait, elle jurait
  Après Colin, son camarade.
 Ah ! que d'aigreurs ce repas de liqueurs
  A causé à son tendre cœur.

  Elle se plaignait du mal de cœur
  Et des tranchées tout à la fois.
  Le mal n'a pas duré dix mois.
  Après cela, jugez du reste.
  Les macarons de Dijon
  Lui ont été fort indigestes.
Assurément de longtemps son amant
  Ne lui en fera manger autant.

XXVI

LA RÉCALCITRANTE.

Petite brunette voulant faire l'amour ;
Mais elle est trop jeune : c'est là son malheur.
  Elle est jeune et bien belle,
  Elle a les yeux à la douceur,
 Jamais d'autre belle n'aura mon cœur.
— Je suis jeune et belle, Monsieur, n'en doutez pas ;
 Je suis jeune et belle, et j'ai des appas.
Je porte dessus mon visage une tant belle petite trace
 Qu' les amants s'engagent quand ils la voient.
— Petite brunette, promets-moi fidélité.
 Quoique tu sois jeune, je t'attendrai.
—Monsieur, pour m'attendre, vous n' m'attendrez pas longtem
 Car l'amour m'y presse à tous moments.
— Petite brunette, allons nous promener dessous ces feuillag
 Là où tu sais ; nous jouerons ensemble
  Au petit jeu que tu sais bien.
 Petite brunette, tu m'entends bien.

A la promenade, on y voit des beaux jeunes hommes
Et des saluades à tous moments.
— Monsieur, avant de vous prendre,
J'ai changé de sentiment,
Je veux rester fille, vivre sans amant.

XXVII

BONSOIR, MARIE-AMÉLIE!

— Bonsoir, Marie-Amélie!
Et voilà tout!
Toute la nuit
J' n'y pense qu'à vous.
Ma chère amie, marions-nous,
Et voilà tout!

— Il faudra parler à mon père,
Et voilà tout,
Et à ma mère. Si elle le veut,

Nous nous marierons tous les deux,
  Et voilà tout!

— Beau paysan, donne-moi ta fille,
  Et voilà tout!
Donne-moi-la, en te priant :
Tu me rendras le cœur content,
  Et voilà tout!

— Ma fille est encore trop jeune,
  Et voilà tout!
Elle est jeune, n'a que quinze ans,
Faites-lui l'amour en attendant,
  Et voilà tout!

— L'amour, je ne le veux plus faire,
  Et voilà tout!
Car tout garçon qui fait l'amour longtemps
 Est en danger d'y perdre son temps,
  Et voilà tout!

Je m'en irai sur la montagne,
  Et voilà tout!
J'y pleurerai, j'y gémirai

En regrettant ma bien-aimée,
Et voilà tout !

XXVIII

ADIEU, C'EST POUR TOUJOURS.

Dedans la ville de Metz,
Où j'y ai bien passé mon temps,
Où j'y ai trois jolies maîtresses.
Toutes les trois sont à mon gré.
La plus jeune, c'est la plus belle,
Mon cœur en est surcharmé.

De quel côté que je m'y tourne,
J'y sens mon cœur embarrassé :
Mon papa, qui me chagrine ;
Ma maîtresse, qui m'a quitté,
Et moi à la citadelle
Je me suis allé engager.

M'y promenant dedans la ville,
Mon capitaine j'ai renscontré.
Je lui ai dit : Mon capitaine,
Mon sergent vient d'y passer
En portant un écritoire
Et du papier pour m'engager.

M'en allant boire une bouteille,
Ma maîtresse j'ai renscontrée.
— De quoi pleurez-vous, la belle,
Et pourquoi tant soupirer ?
— J'y peux bien m'y chagriner :
L'on m'a dit par toute la ville
Que vous alliez vous en aller.

— Ceux qui vous l'ont dit, la belle,
Vous ont bien dit la vérité :
Nous partons pour l'Angleterre
Pour voir messieurs les Anglais.
Si nous mettons pied à terre,
Nous connaîtrons les Anglais.

— Quand tu seras en Angleterre,
M'écriras-tu ton arrivée ?

M'écriras-tu une lettre,
Des promesses que tu m'as faites?
M'écriras-tu une lettre
Que tu me r'viendras épouser?

— De t'épouser, charmante belle
Il n'y faut jamais plus penser.
Tu y as fait la difficile...
A présent, c'est à mon tour.
Je te quitte, charmante belle,
Or, adieu, c'est pour toujours!

RONDES

XXIX

QUELLE DEMOISELLE ÊTES-VOUS ?

RONDE.

— O mon père ! conseillez-moi
Pour y aller voir ma maîtresse.
 — Faut vous habiller, mon fils,
En habit de demoiselle,
 Tra la la, la dera la,
Vous m'aimez, j' ne vous aime pas.

 Et puis vous irez frapper
A la porte de la belle.
 — Bonjour, maître de céans,
Logez-vous des demoiselles?
 Tra la la, la dera la,
Vous m'aimez, j' ne vous aime pas.

— Bonjour, maître de céans,
Logez-vous des demoiselles?
— Nous n' somm's pas maître de céans,
Mais nous vous logerons, belle,
Tra la la, la dera la,
Vous m'aimez, j' ne vous aime pas.

Quand ça venu pour coucher,
N'a voulu coucher seulette.
— Quelle demoiselle êtes-vous?
Vous n' voulez coucher seulette!
Tra la la, la dera la,
Vous m'aimez, j' ne vous aime pas.

— Quelle demoiselle êtes-vous?
Vous n' voulez coucher seulette!
N'ayez point peur d'y coucher,
Nous avons une fillette,
Tra la la, la dera la,
Vous m'aimez, j' ne vous aime pas.

Quand ça venu pour coucher,
N'a voulu point de chandelle.
— Quelle demoiselle êtes-vous?

Vous n' voulez point de chandelle?
Tra la la, la dera la,
Vous m'aimez, je ne vous aime pas.

Quelle demoiselle êtes-vous,
Vous n' voulez point de chandelle?
— C'est que dans notre pays, là-bas,
On n' se sert pas de chandelle.
Tra la la, la dera la,
Vous m'aimez, je ne vous aime pas.

C'est que dans notre pays, là-bas,
On n' se sert pas de chandelle.
— N'ayez point peur d'y coucher,
Nous avons une fillette.
Tra la la, la dera la,
Vous m'aimez, je ne vous aime pas.

N'ayez point peur d'y coucher,
Nous avons une fillette.
Quand ça venu vers minuit,
Ne parlant que d'amourettes.
Tra la la, la dera la,
Vous m'aimez, je ne vous aime pas.

Quelle demoiselle êtes-vous,
Vous n' parlez que d'amourettes?
— Une demoiselle je ne suis pas,
Je suis votre amant, la belle!
Tra la la, la dera la,
Vous m'aimez, je ne vous aime pas.

XXX

LE PEINTURIER.

RONDE.

C'est dans la rue du Champé[1]
Où il y a z'une brunette,
Où il y a z'un peinturier
Qui tous les jours la va voir.
Ma petite brunette,
Tes beaux yeux m'y feront mourir.

1. Nom d'une des rues de la ville de Metz.

Il la va voir le matin,
Et le soir à la chandelle.
Il la trouve dessus son lit
Qui lui brode des manchettes.
Ma petite brunette,
Tes beaux yeux m'y feront mourir

L'a voulu glisser sa main
Par-dessous sa gorgerette.
— Tout beau, tout beau, peinturier,
Vos mains ne sont pas seulettes.
Ma petite brunette,
Tes beaux yeux m'y feront mourir.

Vous venez de travailler
A la peinture violette.
— Violette, cy est mon nom
Et le nom de ma maîtresse.
Ma petite brunette,
Tes beaux yeux m'y feront mourir.

S'il faut aller au combat,
Je combatterai (*sic*) pour elle,
Et, s'il faut mourir,

Cent fois mourirai (*sic*) pour elle.
Ma petite brunette,
Tes beaux yeux m'y feront mourir.

XXXI

DILIGENTE BERGÈRE.

RONDE.

Mon père a des moutons blancs;
Il me dit d' les mener aux champs.
  Diligente,
  Diligente bergère,
  Diligentez-vous.
  Diligente bergère
  M'emmènerez-vous ?

Hélas, où les mènerais-je aux champs ?
Dedans nos prés et dans nos champs.

Diligente,
Diligente bergère,
Diligentez-vous.
Diligente bergère,
M'emmènerez-vous?

Là où il y a d' l'herbe dedans,
Où nos faucheurs s'en vont fauchant.
Diligente,
Diligente bergère,
Diligentez-vous.
Diligente bergère,
M'emmènerez-vous?

Où mon amant s'en va râtelant,
Et son râteau n'a que trois dents.
Diligente,
Diligente bergère,
Diligentez-vous.
Diligente bergère,
M'emmènerez-vous?

Un qui est d'or, l'autre d'argent,
Et l'autre cy sont des diamants.

Diligente,
Diligente bergère,
Diligentez-vous.
Diligente bergère,
M'emmènerez-vous?

Et l'autre cy sont des diamants,
Et mon amant m'en a fait présent.
Diligente,
Diligente bergère,
Diligentez-vous.
Diligente bergère,
M'emmènerez-vous?

XXXII

LA MAL MARIÉE[1].

RONDE.

Mon père m'a mariée,
Briquette si j'herbidorgerai,
A un vieillard il m'a donnée.
   De l'orge, bridorge,
Briquette si j'herbidorge,
  Orgerai si briquerai,
Briquette si j'herbidorgerai !

A un vieillard il m'a donnée,
Briquette si j'herbidorgerai,
Il ne sait battre ni vaner.
   De l'orge, bridorge, etc.

---

1. C. F. Puymaigre, *la Mal Mariée*, p. 262. — Ronde très-incomplète. Trois couplets seulement.

Il ne sait battre ni vaner,
Briquette si j'herbidorgerai,
Il ne sait qu'à la foire aller.
    De l'orge, bridorge, etc.

Il ne sait qu'à la foire aller,
Briquette si j'herbidorgerai,
Il ne sait quoi m'en rapporter.
    De l'orge, bridorge, etc.

Il ne sait quoi m'en rapporter,
Briquette si j'herbidorgerai,
Un gros bâton d'argent ferré.
    De l'orge, bridorge, etc.

Un gros bâton d'argent ferré,
Briquette si j'herbidorgerai,
Il dit que c'est pour m'en donner.
    De l'orge, bridorge, etc.

Il dit que c'est pour m'en donner,
Briquette si j'herbidorgerai,
Et, s'il m'en donne, je m'en irai.
    De l'orge, bridorge, etc.

Et, s'il m'en donne, je m'en irai,
Briquette si j'herbidorgerai,
Je m'en irai au bois jouer.
    De l'orge, bridorge, etc.

Je m'en irai au bois jouer,
Briquette si j'herbidorgerai,
Avec ces moines et ces abbés.
    De l'orge, bridorge, etc.

Avec ces moines et ces abbés,
Briquette si j'herbidorgerai,
Ils m'apprendront à jouer.
    De l'orge, bridorge, etc.

Ils m'apprendront à jouer,
Briquette si j'herbidorgerai,
Au jeu de cartes, aussi aux dés.
    De l'orge, bridorge, etc.

TABLE

		Pages.
I.	— Le Retour	3
II.	— Le Fils du roi.	5
III.	— La Fille séduite.	8
IV.	— Le Beau Flamand.	9
V.	— La Fille du comte	11
VI.	— La Belle Nanon	14
VII.	— La Jeune Fille soldat	17
VIII.	— Une drôle d'aventure	18
IX.	— La Fille du jardinier.	21
X.	— Le Moine de Saint-Germain	23
XI.	— La Fille du maréchal ferrant.	25
XII.	— Florine	27
XIII.	— La Prise de Bréda.	29
XIV.	— Les Transformations du raisin	30
XV.	— Le Proscrit.	33
XVI.	— Le Libertin. (Complainte.).	36
XVII.	— L'Ermite dupé.	41
XVIII.	— Le Retour de l'amant	43
XIX.	— La Mauvaise Mère	44
XX.	— La Belle se voulant marier.	46

		Pages.
XXI.	— Le Départ pour l'armée	48
XXII.	— La Mort de la fiancée.	52
XXIII.	— Les Filles de Dijon	53
XXIV.	— Souvenez-vous-en	55
XXV.	— La Dicace.	59
XXVI.	— La Récalcitrante.	62
XXVII.	— Bonsoir, Marie-Amélie.	63
XXVIII.	— Adieu, c'est pour toujours.	65
XXIX.	— Quelle demoiselle êtes-vous ? (Ronde.)	71
XXX.	— Le Peinturier. (Ronde.)	74
XXXI.	— Diligente Bergère. (Ronde).	76
XXXII.	— La Mal Mariée. (Ronde.)	79

5977. — Paris, imprimerie Jouaust, rue Saint-Honoré, 338.

www.ingramcontent.com/pod-product-compliance
Lightning Source LLC
LaVergne TN
LVHW052105090426
835512LV00035B/998